Cuidado, a internet está viva!

Os incríveis cenários para o futuro desse fenômeno

Alexandre Barbosa

Cuidado, a internet está viva!

Os incríveis cenários para o futuro desse fenômeno

Coordenação de texto
Ivonete Lucírio

editora TERCEIRO NOME

'mostarda editora

Coleção Repórter Especial

Editores associados
Edgar Gusmão Dias da Silva, Fernando Portela, João Lima Jr., Mary Lou Paris, Ruy Mesquita Filho, Samuel Ribeiro Rossilho

Preparação dos originais *Sandra Brazil*
Revisão *Renato da Rocha Carlos*
Projeto gráfico e capa *Antonio Kehl*
Foto da capa *João Kehl*
Impressão *Palas Athena*

Dados Internacionais de Catalogação na Publicação (CIP)
(Câmara Brasileira do Livro, SP, Brasil)

Barbosa, Alexandre
Cuidado, a internet está viva! : os incríveis cenários para o futuro desse fenômeno / Alexandre Barbosa ; coordenação de textos Ivonete Lucírio. — 1. ed. — São Paulo : Editora Terceiro Nome : Mostarda Editora, 2005.

Bibliografia

1. Informática - História 2. Internet (Rede de computadores) - História 3. Previsões I. Lucírio, Ivonete. II. Título.

05-8519 CDD-004.678

Índices para catálogo sistemático:

1. Internet : Rede de computadores : Processamento de

Editora Mostarda / Editora Terceiro Nome
Rua João Felipe Silva 52
Cep 04638-030 – São Paulo – SP
www.editoramostarda.com.br
www.terceironome.com.br
Tel (11) 5093 8216 Fax (11) 5044 5540

São Paulo 2005

Apresentação

É pouco provável que haja uma pessoa em todo o mundo que nunca tenha ouvido falar de internet – uma tecnologia que começou tímida durante a Guerra Fria, espalhou-se de forma espantosa e hoje é utilizada por um bilhão de pessoas. Na mesma velocidade em que cresce o número de internautas, surgem novidades nessa área: acesso com velocidade muito maior; ligações telefônicas gratuitas pela rede; possibilidade de ouvir músicas; acesso a jogos em rede ou mesmo cursos on-line, inclusive de pós-graduação. No exato instante em que você lê este livro, é muito provável que algo novo esteja surgindo. Aonde tudo isso vai dar, ninguém sabe, mas é possível imaginar o que será a internet daqui a cinco, dez ou vinte anos. Não se trata de um esforço de futurologia, mas de previsões feitas por especialistas que conhecem a área e arriscam antever qual será seu futuro.

Os editores

Meu interesse está no futuro porque é nele que vou passar o resto da minha vida.

Charles Kettering, inventor norte-americano

A tecnologia é só uma ferramenta. Ela apenas tem valor para resolver problemas ou na criação de cenários sociais desejáveis.

Jean Paul Jacob, pesquisador brasileiro e professor da Universidade da Califórnia

Sumário

Introdução

A internet parece ter vida própria. Na verdade, tem. Surgiu tímida, interligando virtualmente algumas universidades; hoje não há quem já tenha se sentado diante de uma tela de computador e não saiba o seu significado. Símbolos como www, @, .com já são quase tão comuns quanto o logotipo da Coca-cola. Cada dia mais pessoas se conectam à rede e compram carros, fazem pesquisas para trabalhos escolares, encontram namorado, vendem coleções de CDs ou descobrem um amigo com quem há muito não tinham mais contato. Mas, se assim caminha a humanidade, quais serão os passos que a rede (ou a web, como também é chamada) trilhará nos próximos anos, na próxima década? Não há muita dúvida de que o acesso será muito mais rápido, com aumento na velocidade de tráfego de dados. É também fácil prever que haverá disponibilidade de serviços convergentes, ou seja, que agruparão recursos de texto, áudio e vídeo num mesmo meio. Mas, além dessas, não é possível ter muito mais certezas: a rede parece escolher e traçar seu próprio caminho.

Hoje já é possível acessar a internet por meio do celular ou até mesmo da televisão. "Nenhum pesquisador conseguiu prever esses avanços", comenta o brasileiro Jean Paul Jacobs, pesquisador do centro de pesquisas Almaden, da BM, em San José, na Califórnia, e professor da Universidade da Califórnia, em Berkeley, nos Estados Unidos. E olha que Jacobs pode ser considerado um visionário! Ele foi um dos especialistas que anteviram o fim dos discos de vinil e a ascensão dos compact discs (CDs).

Para traçar um cenário possível do que será o futuro da rede, não basta ouvir apenas especialistas em tecnologia, jornalistas especializados, empresários, pesquisadores, consultores... É necessário somar todas as opiniões para desenhar as tendências gerais. O que surge dessa projeção é que a web vai se tornar, silenciosamente, o eixo em que se realizará a maior parte das transações comerciais, será o principal meio de comunicação para um número crescente de pessoas, tornando-se a principal fonte de informação e expressão individual e coletiva. Empresas, organizações governamentais e indivíduos estarão intrinsecamente ligados aos canais digitais na execução das mais variadas tarefas.

E, se em nosso tempo a internet está restrita aos computadores pessoais – os chamados PCs (sigla em inglês para personal computer) – e a locais com acesso a linha telefônica ou conexão de banda larga, em breve será difícil discernir os limites da rede por conta da difusão de diversas modalidades de acesso sem fio. A internet também será o canal preferencial para a troca de todo tipo de mídia: fotos, vídeo e arquivos de áudio poderão ser baixados em serviços de altíssima velocidade, decretando, já no início da próxima década, o fim do armazenamento físico de filmes e de músicas. Mas o que virá depois disso?

1

Tudo começou com a Guerra Fria

Para antever o futuro é fundamental entender o passado. Com a internet não é diferente; somente investigando suas origens é possível descobrir, com certo esforço, para onde ela caminha. E quem diria que por detrás do surgimento da internet encontrava-se o medo norte-americano de um ataque nuclear. No ano de 1969, o clima nos Estados Unidos era de tensão constante diante da crescente corrida armamentista da outra potência militar da época, a União Soviética. Foi esse o estopim que gerou um experimento financiado pelo Departamento de Defesa dos Estados Unidos e executado pela ARPA (Advanced Research Projects Agency), conectando dois computadores distantes por linhas telefônicas, um deles na Universidade da Califórnia, em Los Angeles, e o outro no Stanford Research Institute, em Stanford. A idéia era criar uma malha de comunicação eletrônica entre diversos centros de conhecimento dos Estados Unidos de modo que pudessem trocar informações se uma das cidades fosse varrida do mapa por um ataque nuclear. No ano seguinte, mais duas universidades vieram se somar a essa rede: a Universidade da Califórnia, em Santa Barbara, e a Universidade de Utah, em Salt Lake City. Foi o início da ARPAnet, a rede que, mais tarde, daria origem à Internet, com a integração de muitos outros centros de pesquisa alinhados com os Estados Unidos, como os países membros da Otan (Organização do Tratado do Atlântico Norte).

O e-mail, ou correio eletrônico, que tornou praticamente obsoleto o hábito de escrever cartas, e até de telefonar, foi criado pelo engenheiro Ray Tomlinson no início dos anos 1970. Tomlinson trabalhava na BBN, uma empresa ligada à ARPAnet. Foi dele a idéia de usar o caractere @ para separar o nome do usuário do endereço do computador ao qual ele estaria cadastrado – em inglês, o sinal gráfico @ (arroba) significa "at", ou seja, "em". O primeiro endereço eletrônico da história não poderia ter sido outro: tomlinson@bbn-tenexa. Os princípios da internet como a conhecemos hoje – a tão falada rede mundial de computadores – só viriam em 1972, com a criação de um protocolo de comunicação, ou seja, um conjunto de regras estabelecia como os dados trafegariam entre os computadores. Foi daí que surgiu o padrão Transmission Control Protocol/ Internet Protocol, o TCP/IP, ou simplesmente protocolo IP, que passou a ser adotado intensamente nos anos 1980 como base da comunicação entre computadores e é usado até hoje.

A década de 1980 veria o aumento no número de centros ligados a essa rede, mas limitado ao uso acadêmico. No início de 1988 foi a vez de o Brasil entrar na história quando o Laboratório Nacional de Computação Científica do Rio de Janeiro estabeleceu uma ligação com a Universidade de Maryland. No mesmo ano, a Fapesp (Fundação de Amparo à Pesquisa de São Paulo) ligava-se ao Fermilab (Laboratório de Física de Altas Energias de Chicago). A coisa foi crescendo, e até o final daquele ano já havia 100 mil endereços na internet. As principais aplicações eram a troca de arquivos de texto e mensagens, bem longe da atual babel de informações.

Durante boa parte do contexto da Guerra Fria, o desenvolvimento da tecnologia concentrava-se em supercomputadores, alimentados por investimentos que vinham todos da esfera militar. Com o fim do conflito e a queda do Muro de Berlim, em 1989 – que, como alguns progressos tecnológicos, ninguém havia ousado prever –, o aporte desses recursos cessou e as grandes empresas e os centros de pesquisa tiveram de se virar, voltando-se para outras áreas de desenvolvimento.

Não por acaso, dois anos depois, em 1991, o físico Tim Berners-Lee criou, em Genebra, no Laboratório Europeu de Física de Partículas, a linguagem HTML (HyperText Markup Language), base das páginas da internet, e a World Wide Web – hoje resumida no www dos endereços eletrônicos. O processo todo foi ficando mais acessível, mais fácil de entender, e o número de usuários em todo o mundo passou a crescer. Em 1991, já havia mais de 500 mil pessoas conectadas à internet.

No ano seguinte, foi ultrapassada a barreira de um milhão de sites em treze países. No ano seguinte, a ONU (Organização das Nações Unidas), a Casa Branca e muitas empresas já utilizavam sites para divulgar dados sobre o trabalho que realizavam. Foram as primeiras a descobrir que a rede é um excelente cartão de visitas que hoje não é ignorado nem pela pizzaria da esquina. Em 1994 surgiu o programa de buscas Yahoo, um dos mais conhecidos atualmente e que disputa a liderança pau a pau com outro programa de buscas, o Google.

O uso da rede começou a crescer de forma exponencial. E por muito pouco o Brasil não derrapou na hora de disseminar a nova tecnologia. A Embratel, na época a estatal que controlava as telecomunicações, queria o monopólio do acesso. Em 1995, no entanto, esse monopólio foi rompido e surgiram os primeiros provedores comerciais de acesso.

O número de usuários cresceu rapidamente e, em 1996, já eram mais de 80 milhões em 150 países. A população brasileira foi descobrindo pouco a pouco as facilidades dessa nova tecnologia. Já em 1997, o imposto de renda pôde ser declarado usando-se a rede em vez de formulários impressos. Nessa época, havia uma guerra entre os programas de navegação. O Netscape Navigator tinha 70% dos usuários e o internet

Explorer da Microsoft, 30%. A empresa de Bill Gates, que não foi nem um pouco bobo, passou a oferecer o programa gratuitamente, junto com novas versões de seus sistemas operacionais para computadores, fazendo dele o mais utilizado em todo o mundo.

Em 1998, o número de internautas brasileiros já passava de 1,8 milhão. Entre 1999 e 2000 o mundo assistiu à expansão desenfreada de empresas ligadas à internet que prometiam revolucionar a maneira como eram realizados os negócios. A expressão Nova Economia era usada por empresas virtuais que lançavam suas ações na bolsa de valores Nasdaq (National Association of Securities Dealers), nos Estados Unidos. O interesse de especuladores inflacionou o valor de empresas que, na realidade, jamais seriam lucrativas até que, no ano 2000, houve o estouro da bolha, levando a uma queda da ordem de 78% dos valores negociados na bolsa norte-americana. Muitas empresas quebraram, e centenas delas, se não milhares, sumiram da noite para o dia. Projeções indicam que cerca de 6,5 trilhões de dólares em valores inflacionados artificialmente por especuladores evaporaram na época.

Quem imaginou que o estouro da bolha seria o fim da rede enganou-se completamente. Passado o período de impacto, a internet manteve seu progresso, dessa vez de forma madura e consistente, alcançando enorme valorização. Entre as empresas que cresceram e se deram bem estavam os fabricantes de equipamentos para conexão como a Cisco, ou a multinacional de origem brasileira Cyclades, que desenvolvia dispositivos usados por provedores de acesso em inúmeros países. Empresas de software criaram novas aplicações, o comércio eletrônico evoluiu, e novos negócios, amparados em valores reais dessa vez, surgiram, cresceram e se tornaram sólidos. Hoje a internet faz parte do dia-a-dia de quase um bilhão de pessoas em todo o mundo, é veículo de informação, entretenimento, serviços, educação, comunicação. E o futuro promete um número ainda maior de surpresas e inovações.

2

Estamos na metade do caminho

Em um futuro próximo, digamos cerca de cinco anos, o que se pode esperar é que os serviços que hoje engatinham ou dão os primeiros passos estarão correndo feito maratonistas. Para comprovar essa tese, vamos imaginar como se sentiria um viajante do tempo – não, a internet não tornou isso possível; pelo menos não ainda – saído do ano de 1995, início do surgimento da internet comercial no Brasil, e que desembarcasse em 2005. Ele chega aos nossos dias e dá de cara com algumas mudanças radicais. Por exemplo, a velocidade de acesso há dez anos ficava entre 9,6 Kbps (Kilobits por segundo) e 14,4 Kbps, chegando a 28,8 Kbps na melhor das hipóteses. Hoje, a velocidade de acesso em uma assinatura básica de banda larga – muito mais rápida que aquela que usa uma conexão de telefone discada – está na faixa de 500 Kbps, quase vinte vezes maior! Navegando pelos principais sites do país e do mundo, ele notaria a mesma estrutura de páginas com textos, imagens, links (botões ou textos que levam a outras páginas), mas o que a internet oferece teria mudado radicalmente.

O aumento da velocidade foi seguido por outras novidades, como as redes de troca de arquivos, também chamadas de serviços Peer-to-Peer (de compartilhamento de arquivos), o amadurecimento dos programas de mensagens instantâneas como o ICQ ou o MSN Messenger – que permitem conversar usando mensagens de texto em tempo real, diferentemente do e-mail que precisa ser aberto e, então, respondido – e as lojas de música digital que vendem arquivos para download. Nosso viajante ficaria especialmente espantado com a possibilidade de fazer ligações telefônicas usando a web com custo zero ou bem próximo disso.

Para fazer as ligações, basta fazer o download de um programa gratuito de voz sobre IP (VoIP). Uma vez instalado no computador, é possível falar – usando um microfone – com qualquer outra pessoa que já tenha em seu computador o mesmo programa. Isso já soma 160 milhões de pessoas no mundo todo. É possível ainda fazer ligações internacionais para telefones fixos ou celulares.

O impacto desse novo serviço já começa a ser sentido pelas empresas de telefonia, que estão faturando menos por conta dessa facilidade, tanto em linhas pessoais quanto de empresas. Em 2005 a IDC (International Data Corp.) realizou um estudo com 783 empresas brasileiras e constatou que 61% delas deram prioridade a esse tipo de ligação em detrimento das tradicionais feitas por telefone fixo.

Nosso viajante também se espantaria com o fenômeno dos blogs, os diários on-line por meio dos quais as pessoas expõem suas histórias, idéias e sentimentos. Os blogs são extremamente democráticos, vale qualquer assunto. Há blog de adolescentes que reclamam das espinhas e do "cano" que tomarem no final de semana anterior. Também há blog de pessoas que querem contar as aventuras de sua mais recente viagem e outros profundamente informativos, como aqueles que tratam dos bastidores de notícias e viram fonte de informação tão completa quanto um jornal, ou até mais.

Imagine agora um novo salto no tempo, e que pulamos, digamos, para 2010. O que nosso viajante irá encontrar? Conexões de altíssima velocidade, muito mais velozes do que as de hoje; redes de televisão que fornecem filmes gratuitamente pela rede. Talvez nosso viajante nem vá se interessar pela infra-estrutura por trás desse mundo de possibilidades. Mas, se for mais curioso ou atento, descobrirá uma sobreposição de redes que usam a malha de cabos de cobre das redes telefônicas para ligações em banda larga; serviços de acesso rápido que usam a infra-estrutura de cabos de empresas de TV por assinatura, convivendo em alguns casos com acessos de fibra ótica (o meio que apresenta as maiores velocidades); também ligações que utilizam cabos de energia elétrica para viabilizar conexões de banda larga e redes locais sem fio.

A forma como passaremos a interagir com a rede nos próximos cinco anos também vai mudar. O teclado e o mouse provavelmente estarão com um design mais arrojado, uma cor menos fria do que o cinza, que é a mais comum hoje. Mas será possível também interagir com o computador usando comandos de voz. "A fala é seguramente um meio promissor, pois facilitará às pessoas requisitar o que desejam dos meios eletrônicos sem se limitar ao clique de comandos no teclado ou no mouse", afirma João Antonio Zuffo, doutor em eletrônica pela Universidade de São Paulo e coordenador do LSI (Laboratório de Sistemas Integráveis).

Falar com os computadores e, a partir daí, com os serviços da internet é uma linha de desenvolvimento que andou em baixa nos últimos tempos, mas a perspectiva de criar novos equipamentos para monitoramento de conversas, por razões de segurança, está levando o Departamento de Defesa dos Estados Unidos a investir em ferramentas de reconhecimento de voz. Como muitas outras coisas desenvolvidas com finalidade bélica que chegaram aos civis, os programadores de sites de busca aproveitam o que acaba disponível dessa tecnologia. Fazendo isso, facilitam a indexação de arquivos de áudio e de vídeo, assim como fazem com o texto nos sites.

3

Cuidado, tem um chip bem ao seu lado

Em breve, em praticamente tudo haverá um chip, todos eles ligados direta ou indiretamente à rede. Exagero? Não. Lembre-se de que um único adulto de classe média tem hoje à sua disposição mais capacidade de processamento de dados do que todo o poder computacional do planeta na década de 1960. Para chegar a essa cifra, a princípio impressionante, basta somar a capacidade e a memória de relógios de pulso, celulares, computadores pessoais, mais os processadores embutidos em aparelhos de som, de DVD, home theaters, aparelhos de TV, equipamentos de som automotivo, e por aí vai. Os chips já se encontram até em alguns modelos de tênis de corrida com a função de registrar o número de passadas, a distância percorrida e a velocidade estimada do corredor. Em breve esperam-se modelos desses calçados capazes de transmitir dados para computadores pessoais ou celulares próximos, alimentando sistemas de monitoramento de performance esportiva.

Meio na linha do desenho animado *Os Jetsons,* vários eletrodomésticos já saem de fábrica equipados para se conectar à internet. Luxo besta? Não. É possível baixar programas que otimizem seu funcionamento, e até acioná-los remotamente como o caso da máquina de lavar, que pode ser ligada por meio da rede. Outras possibilidades incluem equipar eletrodomésticos ou sistemas de vigilância e automação comercial com algum tipo de operação remota. Empresas como a Nokia já demonstraram ser possível colocar em geladeiras sensores capazes de enviar mensagens avisando que é hora de repor os refrigerantes, por exemplo. Na internet do futuro, haverá cada vez mais equipamentos eletrônicos e automóveis que utilizarão a web para executar rotinas de autodiagnóstico, fazendo atualizações em seus softwares para corrigir falhas de segurança ou avisando a centrais de atendimento quando é o momento da manutenção.

"No futuro, a internet será aos poucos substituída pelo que chamo de Trinet. Dou esse nome porque, além de termos mais de um bilhão e meio de seres humanos plugados no mundo on-line, existirá um trilhão de outros usuários, que serão incontáveis sensores espalhados pelo globo e máquinas capazes de fornecer informações sobre condições de clima e temperatura em tempo real, sensores para registro do trânsito, entre outras aplicações", prevê Jean Paul Jacobs, da IBM.

Os carros, as motos e os demais veículos de um futuro não muito distante também terão funções digitais e poderão interagir com a internet. Nos Estados Unidos, onde essa tendência é mais facilmente percebida, há computadores de bordo na maioria dos automóveis que executam funções como monitorar o funcionamento do carro e fornecer informações de orientação de rotas em estradas, e mesmo nas cidades. Alguns equipamentos em desenvolvimento por grandes empresas do setor automotivo, como a Delphi, são capazes de receber informações de tráfego em grandes cidades e cruzar esses dados com as melhores rotas para a pessoa chegar ao seu destino. Outros projetos incluem a interação com redes de celulares, o que permitirá ao carro se comunicar diretamente com serviços de assistência técnica e informar o status de seus componentes. O veículo avisará também seu dono de que é o momento de fazer uma revisão ou trocar o óleo do cárter, e ainda trará uma lista dos locais mais próximos onde é possível realizar esses serviços.

Esses são alguns dos aspectos da chamada computação pervasiva, cuja evolução será sentida nos próximos vinte anos e que consiste em levar a informação para além dos limites dos computadores, fazendo com que existam incontáveis microprocessadores espalhados em equipamentos eletrônicos, relógios de pulso e roupas inteligentes. Como fará parte da vida das pessoas, a internet passará a ser tratada como qualquer facilidade do lar, como o gás de cozinha, a água que chega às torneiras ou a energia elétrica.

É claro que, à medida que mais e mais pessoas entram em contato com o universo virtual, todos ficam mais expostos a invasões, ataques de vírus e ameaças como roubo de dados, fraudes e golpes de toda espécie. Isso acontece principalmente porque as pessoas, no geral, não têm noção das ameaças a que estão expostas quando navegam na internet e, por isso, não tomam as precauções devidas quanto à proteção de suas informações pessoais. Em 2004, por exemplo, de acordo com o Grupo de Resposta a Incidentes para a internet Brasileira (www.cert.br), aconteceram 75.722 incidentes, contando apenas as ocorrências reportadas de problemas de segurança, um aumento de 38% em relação ao ano anterior.

A evolução dos serviços digitais trará no futuro também uma oferta maior de ferramentas de proteção à informação, que poderão ser oferecidas pelos provedores de acesso ou por empresas de telefonia. Será também cada vez mais disseminado o uso de instrumentos capazes de prevenir fraudes on-line. É o caso do chamado certificado digital, espécie de assinatura eletrônica, individual e segura, que possibilita a uma pessoa ou empresa assinar contratos pela internet com a mesma validade de um documento real. Em 2004, o Citibank no Brasil já contava com um sistema de assinatura digital para a formalização de contratos de câmbio, transações que giram em torno de 3 bilhões de dólares mensais.

Se por um lado cada vez mais a segurança vai se aperfeiçoar com leitores de impressão digital e scanners que fazem o reconhecimento da íris do olho humano e a leitura térmica do rosto, por outro, a quantidade de informação que circula criará novos desafios. "A perda de privacidade é uma ameaça real hoje, e isso só tende a piorar no futuro, com empresas e organizações tendo acesso a uma massa cada vez maior de dados sobre o que você faz e deixa de fazer na internet", alerta Aleksander Mandic, empresário digital e um dos pioneiros na internet brasileira.

O volume crescente de informação que grupos organizados podem coletar é séria ameaça às liberdades individuais. "Eu não quero ter a minha vida vigiada por qualquer empresa ou organização, não importa o que me ofereçam em troca. Se há um produto ou serviço que me interessa, cabe a mim decidir como e quando contratá-lo", afirma Aleksander Mandic.

Outro desdobramento para a segurança está na interação com dispositivos de vigilância e sensores. Em 2004, a prefeitura da cidade de Valinhos, no interior de São Paulo, instalou quarenta câmeras de vídeo interagindo com a rede no chamado projeto Olho Vivo, para ajudar a polícia em ações de vigilância, reduzindo os crimes em 73% nos locais monitorados. Essas informações são restritas, mas daqui a alguns anos poderá haver uma combinação de acesso parcial ao que essas câmeras observam. Aparelhos pessoais como câmeras particulares poderão compartilhar seus conteúdos com serviços públicos, colaborando em ações de fiscalização e vigilância. E nem os cantos mais escondidos ficarão fora dessa revolução, pois os elevados custos do acesso à internet por serviços de satélite devem diminuir, permitindo integrar cada vez mais regiões remotas ou veículos em movimento como aviões e navios aos universos digitais.

Dentro de casa ou nas ruas, em prédios ou no campo, a internet se assemelhará a uma estrutura quase orgânica, reagindo à nossa presença segundo nossa vontade ou contra ela. E será difícil perceber onde começam e o onde terminam seus limites.

4

Conectado, mas sem fios, livre das amarras

Se antes a internet dava sua cara sempre em um espaço físico bem definido – geralmente a tela de um computador –, prepare-se para um mundo em que o acesso ao ciberespaço será feito de qualquer lugar, a qualquer momento. A primeira revolução na chamada computação móvel está acontecendo nas empresas de telefonia celular, cujos equipamentos já permitem algum nível de interação com serviços digitais específicos para a troca de mensagens, fotos, vídeos, músicas, o envio e recebimento de e-mail e mesmo a utilização dos celulares como ponte para que notebooks e palmtops, os computadores de mão, possam navegar na web.

Essa verdadeira revolução da comunicação sem fio, que já acontece em nossos dias, só vai se diversificar em ofertas de serviços no futuro próximo. Uma das opções imediatas, que permite um grande alcance, consiste em usar a infra-estrutura de operadoras de telefonia celular, podendo acessar conteúdos, mensagens e serviços a partir de telefones celulares ou usando-os para disponibilizar acesso a computadores.

Hoje, o acesso mais rápido que temos no Brasil é o oferecido pela operadora Vivo, usando conexões digitais de terceira geração, no chamado Vivo Play 3G, que alcança velocidades de até 2,4 Mbps, superior a pacotes básicos de banda larga na telefonia fixa e suficiente para assistir a pequenos clipes de vídeos gargalos na telinha dos celulares. No futuro? Chegaremos ao mesmo nível dos celulares de quarta geração, como os desenvolvidos pela japonesa NTT DoCoMo, que alcançam velocidades de 100 Mbps. Quando chegarmos a esse nível, serão comuns aplicações como videoconferências ou acesso a conteúdo de vídeo como a televisão aberta no celular.

As redes celulares não estão sozinhas nessa oferta de conexão livre de amarras: é cada vez mais disseminado o uso de ambientes Wi-Fi, cobertos por redes sem fio. Basta chegar a um dos locais com esse tipo de acesso, ligar seu laptop sem que seja necessário conectá-lo, e ele já está pronto para navegar na internet, desde que tenha instalado um chip próprio para isso. Ambientes com uma rede Wi-Fi disponível são cada vez mais comuns: aeroportos, livrarias, lanchonetes, hotéis, centros de convenções. Essas redes locais, também chamadas de hotspots ("áreas quentes"), utilizam sinais de rádio em substituição aos fios e, com alcance de até cem metros a partir de uma base, oferecem hoje a velocidade bastante razoável de até 54 Mbps.

Uma evolução do sistema Wi-Fi são as chamadas Wireless Clouds (nuvens sem fio), ou seja, cidades inteiras nas quais não é preciso conectar fisicamente o computador para ter acesso à internet. Nos Estados Unidos, cerca de trezentas cidades estão em processo de adoção das Wireless Clouds, incluindo metrópoles como Filadélfia, onde o custo de cobertura deve ficar entre 70 mil e 100 mil dólares por milha quadrada. São investimentos altos, mesmo para os padrões norte-americanos. Outras grandes cidades, como Amsterdã, na Holanda, Londres, na Inglaterra, ou Auckland, na Nova Zelândia, já contam com projetos em desenvolvimento para cobrir sua área com Wireless Clouds.

Até na minúscula Piraí, no interior do Rio de Janeiro, que tem apenas 23,6 mil habitantes, há uma rede sem fio interligando todas as repartições públicas e as escolas da cidade. Outro exemplo é a pequena cidade de Sud Mennuci, do interior paulista, onde os 7,5 mil habitantes também têm acesso a redes sem fio gratuitamente, graças a um serviço mantido pela prefeitura local.

Mas a tecnologia não pára nas Wireless Clouds. Uma nova tecnologia de acesso sem fio de alcance metropolitano é a WiMax, acrônimo de Worldwide Interoperability for Microwave Access. É um padrão de acesso a dados sem fio, similar ao Wi-Fi, mas, por utilizar faixas de freqüência de 2 a 11 GHz, seu alcance pode ser de até cinqüenta quilômetros. De início, as aplicações do WiMax enfrentarão alguns obstáculos, literalmente. A longas distâncias, as freqüências sofrem interferência física. Ou seja, se as ondas que transmitem os dados esbarrarem em uma montanha, já era a conexão. Ou seja, em regiões com relevo acidentado ou em grandes cidades, as redes WiMax demandarão grandes investimentos para transpor essa barreira.

Qualquer que seja o caminho das estradas sem fio, o fato é que esse tipo de comunicação afetará de diversas formas a vida das pessoas e das empresas. Imagine que alguém queira fazer uma chamada de voz para um colega de escritório. Se estiver dentro do raio de ação de uma rede WiMax ou Wi-Fi, ele poderá acionar um aplicativo de VoIP a partir de um palmtop ou mesmo de seu laptop, pagando apenas as taxas mensais de acesso em seu provedor.

Essa liberdade de escolha para o usuário pode e vai afetar as fontes de faturamento das empresas de telefonia celular. Para evitar essa perda e cativar o consumidor de forma a mantê-lo utilizando sua rede, as empresas de celular podem incorporar novas funções aos aparelhos a partir da integração on-line com serviços bancários, por exemplo. A NTT DoCoMo do Japão já conta com um "celular-carteira", criado pela Sony, com a capacidade de finalizar compras aproximando-se o aparelho de um leitor em lojas e outros estabelecimentos. Experiências mais tímidas dessa natureza já aconteceram no Brasil. Em 2001, a então BCP de São Paulo (atualmente Claro) havia demonstrado a possibilidade de finalizar pagamentos em máquinas de refrigerantes em sua sede na capital paulista.

Obviamente o celular, assim como o cartão de crédito ou o talão de cheques, pode ser roubado, e qualquer transação de compra exigirá a utilização de senhas. No futuro, esse mecanismo de segurança deve se sofisticar ainda mais, tornando-se um leitor de impressões digitais que poderá tanto ser incorporado ao celular como aos caixas de lojas. Porém, não podemos esquecer que uma web onipresente poderia competir facilmente com essas formas de pagamento por meio de transações eletrônicas diretas nos sites das lojas ou mesmo nos serviços dos bancos.

5

A acirrada guerra dos buscadores

"Procurar uma agulha num palheiro" é a expressão que traduz o esforço de um internauta para encontrar a informação desejada em meio à confusão de dados. O crescimento da quantidade de informação na web, com textos, vídeos, arquivos de áudio e imagens, que se acumulam de forma crescente, torna cada dia mais difícil buscar algo específico, uma vez que quase tudo o que já foi colocado na rede ainda permanece on-line, de forma cumulativa. Isso significa que o pobre usuário, ao realizar uma busca, corre o sério risco de encontrar uma montanha de informações desatualizadas, que não interessam ou não atendem à sua necessidade.

E é difícil estimar o tamanho do ciberespaço: de acordo com a certificadora de domínios Verisign – uma das empresas que registram novos endereços virtuais –, a internet contabilizava, em junho de 2005, cerca de 80 milhões de endereços de sites, um crescimento de 28% em relação ao verificado em 2004. Isso sem levar em conta o mar de informação estimado em mais de 600 bilhões de documentos, entre páginas pessoais, blogs, arquivos de áudio, de vídeo e de imagens. Por conta dessa diversidade, ferramentas que ajudem o internauta a filtrar conteúdos tornam-se cada vez mais importantes, o que reflete a relevância dos serviços de busca. É graças a esses serviços (como Google, Yahoo e MSN Busca, entre outros) que o usuário não se sente como a própria agulha no palheiro, totalmente perdido.

O problema é que os buscadores, nas melhores estimativas, só conseguem "enxergar" cerca de 20% do conteúdo disponível na web. Aqui cabe uma explicação: os buscadores usam ferramentas-robô que fazem a varredura de todo o conteúdo da rede. Ao listar as palavras existentes, estabelecem uma ordem de prioridades, ou seja, a indexação do que está disponível com base em relevância do endereço e pelo número de links em outros sites que apontam para aquele endereço. Realmente é confuso, limitado.

No entanto, para superar essas limitações, surgem novas categorias de serviços de busca segmentados, orientados para tipos específicos de conteúdo, facilitando a vida do internauta. Bons exemplos são o Grokker (www.grokker.com), que utiliza uma interface gráfica para separar resultados das buscas em diferentes categorias, e o ShoutCast (www.shoutcast.com), cujo enfoque é encontrar estações de rádio on-line. Os buscadores, no entanto, não ganharam ainda a corrida, e a eficiência das ferramentas de busca está longe da perfeição.

Para que a pesquisa na rede se torne mais fácil, não basta o esforço dos buscadores. É preciso que as páginas que oferecem conteúdo remodelem seu modo de apresentação. Uma das saídas é a migração de todo o conteúdo disponível no tradicional formato HTML para um novo formato de arquivos chamado XML, ou eXtensible Markup Language, que torna possível acrescentar "cabeçalhos" ao conteúdo das páginas, disponibilizando as informações de forma mais eficiente. A palavra "botão", por exemplo, hoje pode definir tanto a tecla de acionamento de uma máquina, uma rosa que ainda não desabrochou completamente ou ainda a peça utilizada para fechar duas partes de uma roupa. O XML ajudará na separação, fornecendo as informações de forma mais estruturada.

Com a concorrência crescente entre os buscadores, que correm atrás dos internautas e da publicidade, cada um passou a oferecer um sem-número de tecnologias. Os exemplos são vários: as três grandes forças na área, Microsoft, Google e Yahoo, criaram ferramentas que podem ser baixadas gratuitamente e permitem a busca de conteúdos por palavras-chave em PCs. Tanto Yahoo como Google oferecem serviços de e-mail gratuito de grande capacidade, respectivamente com 1 Gb e 2 Gb. O Hotmail, mantido pela Microsoft, fica devendo nesse quesito, prometendo 250 MB para breve. A vantagem desses serviços é que os usuários não precisam apagar suas mensagens, e todo seu acervo fica disponível para consulta a partir de qualquer lugar com acesso à internet.

E há uma diversidade cada vez maior de serviços para fidelizar o usuário. O Google permite catalogar fotos digitais no micro pessoal, e o Google Earth virou uma verdadeira febre, já que possibilita ao cidadão comum o acesso a fotos de satélite e a reproduções tridimensionais do relevo de praticamente todo o globo terrestre. É possível encontrar a casa onde se mora, o prédio onde se trabalha, o bar que se freqüenta com os amigos.

Nos Estados Unidos, o Yahoo oferece um mecanismo de busca para algumas operadoras de celular que possibilita encontrar serviços dentro de certo raio de ação a partir do telefone do usuário. Há também o Near Me, cujo serviço localiza coisas específicas na localidade do usuário ou o Yahoo! Local, que faz esse tipo de rastreamento a partir do código postal de interesse do usuário, ou ainda o Google Maps (http://maps.google.com). Hoje essa comodidade só está disponível nos Estados Unidos. Mas não deve demorar muito para desembarcar no Brasil.

Com ela, o usuário poderá utilizar um serviço automático para localizar, por exemplo, o melhor restaurante japonês num raio de dez quilômetros a partir de onde ele estiver. Também poderá consultar ofertas e promoções entre as lojas de um shopping ou em determinada região da cidade. Já as lojas que dispuserem de programas de fidelidade poderão enviar promoções relâmpagos para clientes que estiverem nas proximidades, identificando-os por dados cadastrais ou pelo tipo de aparelho móvel que utilizam. O problema é que alguns desses serviços poderão ser intrusivos, até mesmo incômodos. Filtrar o que será bom e o que será inconveniente ainda é algo que só o futuro poderá resolver.

6

Eu falo, tu falas, ele fala

Há muitos anos a internet se tornou um meio bastante democrático que permite a qualquer um – que tenha acesso a um computador e o conhecimento suficiente – criar sua própria página. A sofisticação nesse campo da expressão pessoal está encontrando novas vertentes distintas: o blog (abreviação de web log, ou diário on-line), no qual as pessoas comentam fatos ou expressam suas opiniões. E, se o blog traduz uma visão pessoal, há ainda o wiki, que é um tipo de blog aberto à participação coletiva e no qual várias pessoas podem opinar sobre um mesmo tema.

Os diários virtuais têm-se expandido para versões em áudio e vídeo. As versões em áudio também são conhecidas como podcasts. Receberam esse nome a partir do music player digital iPod, e seu princípio é simples: usuários criam seleções de suas músicas favoritas, acrescidas de comentários pessoais com críticas ou novidades sobre os mais variados assuntos, e os colocam à disposição para download. O mesmo está acontecendo para os videologs, que são pequenos programas de vídeo nos quais as pessoas seguem o mesmo princípio e mostram a cara e a voz na web.

É impossível determinar qual será o alcance dessas manifestações na internet do futuro, com a crescente sofisticação das visões pessoais. Impossível saber também se as construções individuais e coletivas vão cativar grandes públicos ou se, mesmo que restritas a públicos segmentados, serão capazes de gerar grandes efeitos sociais ao influenciar as pessoas pelo seu potencial de interação, liberdade de criação e uma linguagem mais próxima do interesse individual.

Da mesma forma é difícil precisar a importância e o alcance dos blogs e seus desdobramentos. Mas alguns exemplos de seu potencial já foram sentidos, como no caso de Dan Rather, âncora do CBS News, um dos telejornais de maior audiência nos Estados Unidos. Em uma reportagem na qual questionava se o presidente George W. Bush havia ou não prestado o serviço militar, Rather se apoiou em documentos que foram apontados como falsos por alguns blogueiros. O âncora criticou ferrenhamente o que ele chamou de "jornalistas de pijamas" dizendo que não tinham credibilidade ou qualificação para questionar seu trabalho. Foi uma péssima idéia.

Uma chuva de atividades on-line acabou provando que os documentos apresentados por Rather eram falsos, o que levou ao desligamento do jornalista do CBS News, em uma comprovação de que a esfera das construções coletivas pode ter força para questionar, com sua credibilidade e iniciativa, as afirmações de qualquer figura pública.

É claro que as construções coletivas apresentam grandes limitações, pois os conteúdos produzidos a partir do prisma individual carregam visões preconcebidas ou limitadas, podendo carregar preconceitos de toda sorte ou informações equivocadas. O outro lado da moeda é a liberdade de expressão que os meios digitais permitem.

A expressão não é só escrita. Podcasts e videologs podem ganhar espaço dependendo de sua proposta e alcance. Já existem vários negócios que envolvem esses meios. O ex-VJ da MTV Adam Curry, criador de uma rede de podcasts chamada Podshow, recebeu 9 milhões de dólares, patrocinados por investidores de risco, que apostam numa demanda crescente por programas de áudio segmentados que possam carregar mensagens publicitárias.

Criar uma enciclopédia coletiva também já é possível. Um exemplo é a Wikipedia (http://wikipedia.org), que conta com mais de 1,8 bilhão de verbetes, sendo 74 mil deles em português. A obra é escrita a milhares, ou milhões, de mãos. Só para efeito de comparação, a *Enciclopédia Britânica*, referência na área, tem 100 mil verbetes. A chave do sucesso? A construção colaborativa. Qualquer internauta pode acrescentar um verbete ou editar as descrições existentes. Por ser algo feito sem o rigor acadêmico de outras enciclopédias, a Wikipedia pode não ser a opção mais confiável para pesquisas escolares. Por outro lado, sua abrangência pode fazer dela a principal fonte de informação de referência no futuro.

Outro tipo de construção coletiva que existe atualmente e evoluirá no futuro é a chamada computação colaborativa ou distribuída, também conhecida como Grid Computing. Imagine que existem grandes problemas que só podem ser resolvidos pelos supercomputadores, com altíssima capacidade de processamento. Realizar qualquer trabalho nessas grandes máquinas, utilizadas em tarefas avançadas de pesquisa científica nas áreas de física, engenharia ou pesquisa meteorológica, é algo que consumiria somas altíssimas de dinheiro. O que fazer quando esses recursos não estão disponíveis? É aí que entram as aplicações de Grid: são programas que dividem um grande problema em pedaços pequeninos, de forma que eles possam ser processados em computadores pessoais. Incrível, não?

Pois isso já aconteceu em projetos como o SETI (Search for Extraterrestrial Intelligence, http://setiathome.ssl.berkeley.edu), que vasculha o espaço em busca de sinais de vida inteligente. O SETI procura transmissões de rádio como as produzidas na Terra e que se espalham livremente pelo espaço. Armazenadas em fitas e depois transformadas em dados, é preciso buscar padrões entre os sinais. Essa tarefa é fragmentada em incontáveis pedaços que, enviados a computadores pessoais, são processados quando o PC está ocioso, funcionando como um protetor de tela. Com a colaboração de mais de 5 milhões de usuários voluntários em todo o globo, já foi analisada uma quantidade de informação que consumiria mais de 2 milhões de anos para ser feita em um PC comum.

7

Música, vídeo e games: é hora do lazer on-line

Hoje é comum chegar à casa de amigos e ver coleções de CDs e DVDs, assim como no passado havia coleções de LPs (long-plays, discos de vinil, anteriores aos CDs). Mas o que encontraremos na casa dos amigos no futuro próximo? A internet do presente já começou um movimento sem volta nesse aspecto: a dissociação dos conteúdos de seus meios físicos. Isso significa que a música não será mais vendida em CDs ou os filmes, em DVDs, mas em arquivos digitais, comercializados legalmente – ao menos, espera-se – pela internet.

O advento das conexões de alta velocidade na transmissão de dados torna possível download de filmes diretamente da web para o computador ou para outro equipamento que os exibirá na televisão. Talvez a tela convencional seja substituída por um computador adaptado para invadir a sala de estar e assumir o papel dos aparelhos de DVD, som, TV a cabo e até mesmo sistemas de home theater. A Microsoft já conta com uma versão de seu sistema operacional Windows chamada

Media Center, que visa equipar os PCs para funcionar como um canivete suíço da mídia, controlando o acesso ao rádio, à TV e ainda trazendo mais flexibilidade na exibição de fotos e de vídeos domésticos em qualquer parte do ambiente residencial. Correndo atrás dessa tendência, os fabricantes de equipamentos eletrônicos fizeram o caminho inverso ao embutir recursos inteligentes em seus aparelhos, justamente para não perder espaço, no futuro, para os computadores pessoais. Alguns deles já equipam DVD players e aparelhos de home theater com entradas para redes, alguns até com acesso a redes Wi-Fi, permitindo assim a integração desses equipamentos com PCs e até mesmo o acesso a serviços on-line, o que possibilitaria à sua TV ou aparelho de som ter acesso direto a um site na internet para tocar música ou exibir conteúdo em vídeo.

Independentemente do que aconteça, é certo que a mídia está se descolando de seus suportes físicos. O maior exemplo disso foi a música, com a transformação do formato MP3 num fenômeno global: comprimidas em um tamanho equivalente a um décimo do que ocupam em um CD, as músicas ficam mais leves para ser transmitidas pela rede. O salto de velocidade ao qual assistimos em nossa época e que veremos aumentar no futuro criou o estofo necessário para fenômenos como o iTunes, loja on-line da Apple que vende canções individuais a 0,99 dólar. Ou seja, hoje não é mais preciso comprar o álbum inteiro do seu artista ou banda favorita se você gosta apenas de uma ou duas faixas. A loja iTunes, que por enquanto só vende canções para consumidores residentes nos Estados Unidos, é um sucesso estrondoso, tendo alcançado a marca de mais de 350 milhões de músicas comercializadas em abril de 2005, após dois anos de atividade. Outro país que conta com uma filial virtual do iTunes, por conta de acordos de direitos autorais, é o Japão, onde já foram vendidas um milhão de músicas.

Já o Yahoo Music Unlimited (http://music.yahoo.com), serviço semelhante, cobra uma taxa mensal de cinco dólares para liberar o acesso a um acervo de mais de um milhão de músicas para ser ouvidas no seu PC, e que podem ser copiadas para um equipamento portátil ou gravadas em um CD por 0,79 dólar por canção. A única desvantagem deste serviço é que suas músicas não tocam nos iPods da Apple, os players mais populares do mercado. Esses serviços são prenúncio de um futuro bem próximo no qual as coleções não estarão em estantes ou caixas de qualquer tipo. Serão números de licenças, bits de informação guardados em nossos PCs, music e videoplayers. Será cada vez mais difícil exibir grandes coleções na sala de estar.

Hoje o vídeo passa a trilhar os mesmos caminhos da música. As primeiras experiências na internet foram desapontadoras. Vídeos em formato pequeno e serrilhados, de baixa qualidade e de curta duração desanimaram os internautas e criaram a idéia de que TV, definitivamente, se via na TV. A principal limitação, contudo, era a velocidade. Hoje, com a popularização de serviços de banda larga mais velozes, cada vez mais pessoas vão à internet para assistir a vídeos. Novos serviços como o MTV Overdrive (www.mtv.com/overdrive) começam a oferecer vídeos exclusivos ou parte da programação do canal de música que podem ser assistidos pelos espectadores na hora em que quiserem. Este é apenas um exemplo de novos serviços de vídeo on-demand (VOD), ou simplesmente sob demanda, sistema por meio do qual o usuário seleciona o conteúdo a que deseja assistir.

Uma variedade híbrida, que procura fazer a ponte desses vídeos da internet com o aparelho de TV, é o norte-americano Akimbo. O sistema utiliza uma caixa decodificadora para fazer o download de vídeos de um acervo digitalizado oferecido pelo site. Ainda não é um grande exemplo, porque essa lista não conta com os filmes feitos pelos grandes estúdios de Hollywood, que ainda hesitam em se lançar nos canais digitais por medo de perder receita na venda de filmes em DVD. Mas essa situação não deve permanecer por muito tempo. Há um serviço de locação pela internet, chamado Movielink (como o iTunes, só disponível para residentes nos Estados Unidos), que põe fim à ida às locadoras. As vantagens são muitas, como eliminar o problema de não encontrar o título desejado na prateleira porque ele já foi alugado.

O principal obstáculo ainda está na pirataria de filmes pela internet, outro fator que tem detido iniciativas mais ousadas de investimento dos estúdios nesses novos meios. A perspectiva, contudo, é de que serviços que disponibilizem filmes de qualidade a preços baixos acabem tornando pouco interessante o consumo de material pirata. Os estúdios e os produtores de conteúdo ainda não têm claro qual é o modelo de negócio a ser adotado para a comercialização de vídeos pela web. Inicialmente a idéia é cobrar o mesmo valor de uma locação de DVD, com tendência de barateamento com o passar do tempo, até que, por volta de 2015, a maioria do acervo esteja disponível on-line por um preço bem acessível.

Mas a coisa só deve mesmo mudar de figura quando houver um número significativo de pessoas dispondo de conexões com transferência de dados na faixa de 20 Mbps, o que tornará possível exibir um filme com qualidade de DVD, pela internet, sem interrupções. Em países como a Coréia do Sul ou o Japão, essas velocidades de acesso já são comuns, permitindo a empresas como o banco japonês Softbank fornecer mais de trinta canais interativos que incluem serviços de vídeo sob demanda. A personalização dos serviços de vídeo, por meio do qual o usuário determina a que tipo de conteúdo ou programas assistirá, é outra forte tendência para o futuro a médio prazo. Na segunda década deste século, o usuário poderá ter a sua disposição milhares de canais de vídeo. Ou então um só: o que ele montar.

A graça de jogar um game também foi multiplicada zilhões de vezes quando a internet entrou na história. O final dos anos 1990 assistiu ao surgimento explosivo de um novo tipo de negócio nascido na Coréia do Sul, que consistia em oferecer um ambiente fechado com vários computadores em um mesmo lugar. O objetivo era colocar vários jogadores em partidas uns contra os outros, às vezes em um mesmo jogo.

As Lan Houses tornaram-se uma verdadeira febre que se espalhou pelas cidades de todo o mundo. A dinâmica das lojas é simples: cada usuário paga por hora para disputar partidas compartilhando um mesmo ambiente virtual com outros jogadores, com opções de jogos de corrida, de estratégia, de combate em primeira pessoa – entre eles, o popular Counter-Strike, em que contraterroristas e vilões se opõem na conquista de territórios. Esse ambiente antecipou o que hoje já é uma febre mundial: os MMORPG. A sigla, de Massive Multiplayer Online Role Playing Games, ou simplesmente MMOG, designa um jogo em que um mesmo ambiente virtual é compartilhado por centenas, às vezes milhares de usuários, via internet. As temáticas são as mais variadas: existem jogos de combate militar, batalhas aéreas, espaciais, disputas místicas com magos, monstros e cavaleiros. Para participar, o usuário cria um personagem que o representa no jogo, chamado de avatar.

À medida que participa do game, esse avatar interage com outros jogadores e evolui, ganhando mais recursos e habilidades ou, então, tendo acesso a níveis mais elevados desses mundos. O diferencial é que o usuário pode interromper a partida, sair do jogo e voltar mais tarde. Detalhe: as partidas continuam com os usuários que estão ativos. O lado pernicioso desse tipo de jogo é que ele beneficia quem fica mais tempo on-line, o que gera histórias inusitadas como as de jogadores "avançados" que são contratados por iniciantes para ajudá-los a chegar a níveis mais adiantados nas partidas.

O game World of Warcraft (www.worldofwarcraft.com) já conta com mais de 4 milhões de assinantes em todo o mundo e uma venda anual que supera 700 milhões de dólares. Cerca de um quarto dos assinantes é residente dos Estados Unidos, e pelo menos 1,5 milhão está na China – um dos mercados mais promissores para atividades on-line. Segundo a empresa de pesquisas IDC, o mercado de games on-line nesse país movimentou 298 milhões de dólares em 2004 e tem potencial para chegar a 3,7 bilhões até 2009, quando o número de assinantes de jogos virtuais deve chegar a 28,5 milhões.

O Brasil já ensaia seus passos nos universos digitais com jogos como Erinia (www.erinia.com.br), um RPG de temática místico-medieval que combina elementos da cultura brasileira como sacis e curupiras, entre outros monstros, desenvolvido pela empresa paranaense Ignis Games. O país também conta com outros exemplos de MMOGs, como Taikodom (www.taikodom.com.br), de batalhas espaciais, desenvolvido pela empresa catarinense Hoplon Infotainment.

Mas, até aqui, falamos sobre coisas que já acontecem. O que será dos MMOGs daqui a alguns anos? O cenário mais provável aponta para a imensa diversidade de mundos virtuais e, por conta da maior velocidade de transmissão de dados, esses mundos apresentarão grau incomparável de realismo visual. Muito possivelmente terão extensões para ser acessados pelos celulares. Ainda que limitados em funções e gráficos, os jogadores poderão levar seus avatares a executar tarefas mais prosaicas em jogos de exploração espacial, por exemplo, ordenando à sua nave buscar por recursos minerais em asteróides. A interação com outros jogadores e as batalhas espaciais propriamente ditas serão deixadas para as grandes telas em casa, onde controles mais precisos são necessários e onde se poderá explorar a riqueza dos gráficos e dos sons.

O amadurecimento dos games abrirá várias oportunidades para programadores e criadores de jogos, ao exigir deles mais esforço e criatividade para desenvolver bons enredos que mantenham a atenção dos jogadores. Será comum ver o entrecruzamento do mundo real com esses ambientes virtuais, e seu avatar encontrará com freqüência anúncios publicitários de uma empresa que realmente existe em meio às partidas com seus amigos. Isso, aliás, já acontece, com anúncios, estampados nos ambientes virtuais de jogos para PCs e videogames.

Haverá ainda outros tipos de cruzamentos do mundo real com o virtual. Veja o caso do jogo Second Life, um ambiente virtual onde as pessoas podem criar praticamente tudo em 3D, como casas e veículos, dependendo apenas das habilidades de design dos usuários. Todo tipo de elemento tridimensional, como construções, carros, motos ou vestimentas, é vendido entre os participantes. A empresa responsável pelo serviço, a Linden Lab, afirma que o jogo gera mais de 18 milhões de dólares em compra e venda de itens entre seus mais de 45 mil usuários ativos.

A superação da fronteira entre o mundo real e o virtual não pára por aí. A Linden Lab realizou um evento em agosto de 2005, no qual os jogadores participaram de uma campanha de arrecadação de fundos destinados à American Cancer Society para financiar pesquisas de tratamento, além de coletar donativos para auxílio às vítimas do furacão Katrina, que atingiu violentamente a costa sudeste dos Estados Unidos neste ano.

É claro que nem só do bem vivem os jogadores online. Surgem críticas a todo momento, com casos extremos de pessoas viciadas que passam vários dias imersas em jogatina digital, ou exemplos relacionando jogos de computador a comportamentos violentos na vida real. Vale ressaltar que educadores, psicólogos e especialistas em jogos recomendam aos pais que acompanhem o tipo de game que seus filhos acessam, tomando cuidado para evitar que aqueles de temática adulta caiam nas mãos de crianças.

Parece que a preocupação de que os games afetem a vida social da criança e do adolescente é descabida. De acordo com projeções da Entertainment Software Association (www.theesa.com), entidade que representa as empresas de games para PCs e videogames nos Estados Unidos, a idade média dos jogadores é de trinta anos e pouco mais de um terço tem idade inferior a dezoito anos. Numa pesquisa feita nos Estados Unidos, a entidade descobriu que os jogadores gastam em média 6,8 horas diárias jogando, mas isso não os afasta da prática de esportes ou de outras atividades sociais. Até porque cerca de 47% deles afirmaram disputar partidas com amigos.

A visão desse futuro também pode trazer possibilidades positivas ao proporcionar aos educadores uma nova ferramenta de trabalho. Diante da atratividade dos ambientes imersivos, é melhor explorar os jogos como oportunidade em vez de apenas considerá-los um problema. Como exemplo, em 2003 o Instituto Itaú Cultural criou uma reprodução em 3D da avenida Paulista (capital paulista) do início do século XX, que podia ser percorrida por avatares para explorar o cenário dessa época com seus calhambeques, bondes e os casarões da elite paulistana.

8

Novas possibilidades para a educação

A internet do futuro tem participação muito importante na educação e no treinamento pessoal e profissional. Os ambientes virtuais serão o suporte para inúmeras ações de ensino a distância. Existem casos de estudantes que já hoje conseguem fazer seus cursos quase que completamente pela internet, estabelecendo videoconferências de qualidade e tendo acesso a toda sorte de materiais de apoio, como textos, gravações de áudio e de vídeo. A disponibilidade dessas ferramentas, no entanto, não acabou com os formatos tradicionais de educação presencial. Na verdade, as ferramentas de e-learning ou de ensino a distância atuam como complemento de aulas normais.

Essas novas ferramentas ganharão cada dia mais importância. Segundo os cálculos do filósofo Pierre Lévy, professor da Universidade de Paris VIII e pesquisador dos universos digitais, não será possível aumentar o número de professores proporcionalmente às necessidades de educação, principalmente nos países em desenvolvimento. A exploração da educação digital poderá sanar, ou ao menos minimizar, essa carência de profissionais.

É claro que estudantes de escolas particulares, ao ter acesso a recursos mais avançados, levarão vantagem. "As melhorias no acesso à internet, como os ganhos com a velocidade e a disponibilidade cada vez maior de conteúdos de qualidade, vão mudar completamente o formato das aulas, enriquecendo-as. Acho que nos próximos dez anos, pelo menos em grupos com maior poder aquisitivo, será comum ver crianças com notebooks nas salas de aula. O quadro-negro está com os dias contados", afirma Sandra Carvalho, editora da revista *Info Exame*, da Editora Abril.

É preciso que as ferramentas eletrônicas permitam adaptar os conteúdos conforme o ritmo de aprendizado, o interesse e as características de cada indivíduo, possibilitando um maior nível de individualização da forma de ensinar. Esse movimento reflete a transição no ensino: ele deve deixar de funcionar no modelo um-para-muitos, em que um professor, detentor da informação, passa para um conjunto de alunos o mesmo pacote de conhecimentos. O modelo que passará a valer será o de um-para-um, exigindo a adaptação dos conteúdos programáticos para perfis individuais. Será uma forma de explorar, claro, todas as possibilidades das ferramentas interativas para atender a uma geração que cresce diante da TV, do videogame e da própria internet.

As novas gerações acostumadas a esses meios, que podem ser chamadas de nativos digitais, tendem a apresentar problemas de dispersão com o modelo clássico de aula expositiva. Por outro lado, terão mais facilidade em lidar com serviços e conteúdos. Elas seguem um tipo de alfabeto, de linguagem completamente diferente, baseada em uma visão multimídia, instantânea e personalizada. O livro viola esses princípios porque é encerrado em si mesmo. "Na era do conhecimento, não faz mais sentido jogar tinta sobre árvores mortas (o papel). No futuro, os jovens buscarão novas formas de aprendizado por meio das quais possam se aprofundar, navegar por assuntos correlatos, questionar as afirmações propostas", radicaliza Jacobs, da IBM.

Os mundos virtuais dos MMOGs, tratados no capítulo anterior, também serão uma mão na roda para os professores, que poderão usar os recursos do universo virtual como forma de cativar a atenção de jovens e de crianças. Os MMOGs permitirão aos educadores reconquistar o interesse dos estudantes nas mais diferentes áreas do conhecimento. Uma coisa é falar, numa aula expositiva, sobre a importância dos gregos na cultura ocidental – em que apenas um professor fala para muitos alunos em um espaço fechado. No entanto, é muito mais interessante acompanhar seu próprio avatar em um ambiente tridimensional, onde a criança ou o jovem pode ouvir trechos das aulas de Platão, Sócrates ou de outros filósofos gregos gerados por computador. Aulas de história, geografia, física e ciências, consideradas maçantes pelos alunos, poderão se tornar ao mesmo tempo lazer e aprendizado.

Já no ambiente empresarial, o e-learning continuará galgando passos e servindo para finalidades prosaicas como treinar equipes de vendas sobre os atributos de um novo produto que passar a ser comercializado, chegando até o nível de programas avançados de especialização. As vantagens do e-learning são inúmeras e incluem bons resultados com baixos custos operacionais e a possibilidade de os profissionais realizarem os treinamentos nos horários mais convenientes. Além de manter as pessoas atualizadas, o e-learning também reduz ou elimina por completo os custos de deslocamento. As mesmas regras valem para os cursos de pós-graduação ou mesmo de graduação, que já podem ser feitos de forma combinada com a presença ocasional do aluno em sala de aula ou realizados quase que inteiramente de locais remotos.

9

A sociedade digital e o governo eletrônico

Entre os grandes desafios que se colocam para países em desenvolvimento como o Brasil, a inclusão digital é um dos mais importantes, especialmente no que se refere ao relacionamento do cidadão com as várias instâncias da esfera pública. A interação entre o Estado e o indivíduo será cada vez mais intermediada por meios eletrônicos. Esse movimento, sem volta, não se dará pelo caráter visionário dos governantes, mas pela necessidade de aumentar a eficiência dos serviços prestados, bem como de aprimorar o controle dos gastos públicos, reduzindo problemas de corrupção, com o desvio de recursos, ou o desperdício.

A internet do futuro será também mais cidadã. Esse movimento, que já teve início no Brasil, prevê a crescente digitalização de todas as informações do cidadão, com a posterior unificação desses bancos de dados. Dessa forma, cada pessoa terá um documento de identificação único, seja para prestar contas no pagamento de impostos e requisitar benefícios ou incentivos sociais, seja para utilizar serviços públicos de saúde. Outra conseqüência da unificação será a disponibilidade cada vez maior de serviços que poderão ser agendados pela internet por meio de grandes portais segmentados por área, ou por sites específicos criados para atender a comunidades localizadas em grandes bairros ou em pequenas cidades. Esse tipo de serviço digital permitirá, por exemplo, marcar consultas médicas com antecedência – infelizmente, em um futuro ainda distante. Mas algumas aplicações já funcionam – e bem. Um exemplo é que quase 98% dos contribuintes enviam sua declaração de imposto de renda de forma segura pela internet. Isso proporciona grande agilidade à Receita Federal na coleta de informações.

Também se espera que o governo eletrônico do futuro diminua a burocracia. Os ganhos de eficiência proporcionados pelo uso de mecanismos de assinatura eletrônica permitirão, por exemplo, que se validem contratos e documentos por canais on-line. Processos como a abertura de uma empresa, que levam meses atualmente, poderão ficar prontos em poucos dias. A eliminação de redundâncias, ou seja, de repetições de informações em bases de dados de mais de um departamento, criará a condição para uma nova categoria de auto-serviços a serem realizados por meio da rede. De forma semelhante a uma aplicação de internet banking, em que o internauta visita o site de seu banco e paga contas, faz aplicações, consulta saldos, o cidadão-internauta poderá visitar páginas nas quais terá ferramentas com formulários oficiais a serem preenchidos remotamente. Isso poderá baratear o serviço público e ainda evitar filas nas repartições, aumentando a eficiência de um modo geral.

Outra aplicação apontada pelos especialistas, essa ainda para a segunda década deste século, é o aumento da participação popular por intermédio de eleições e plebiscitos. Para que sejam efetivos, no entanto, será preciso estender os benefícios da internet a parcelas significativas da população. Rompido esse obstáculo, e amparando-se em ferramentas de autenticação seguras, em certificados digitais ou cartões com chips de identificação, a obrigatoriedade do voto presencial estaria com os dias contados.

A participação popular também poderá ser mais intensa por meio da influência direta sobre os governos democráticos. Os analistas não acreditam que os governos precisem, necessariamente, considerar a opinião de um número maior de indivíduos para determinar a agenda pública. Mas a internet do futuro seguramente facilitará a vida de grupos representando interesses específicos, que poderão elevar a sua voz e conseguir colocar suas demandas nas diversas instâncias, na exata proporção de como esses grupos souberem explorar as ferramentas de comunicação e os canais digitais para influenciar a opinião pública.

A relação governo-cidadão só terá a lucrar com o apoio da internet, pois ela gerará maior transparência nas relações entre o Estado e o indivíduo, aumentando a eficiência na prestação de serviços e contribuindo para a principal moeda de barganha no futuro político dos países democráticos: a confiança e a credibilidade. Não será um movimento fácil, sem dúvida. Abrir todas as contas ao escrutínio público significa abrir flancos para críticas do mau uso das verbas públicas.

Não fazê-lo, contudo, poderá levar à desconfiança de que os grupos que coordenam as instâncias de poder têm a algo a esconder, uma vez que a tecnologia, já em nossos dias, permite essa transparência. Exemplos já em operação não faltam, como a Bolsa Eletrônica de Compras do Governo do Estado de São Paulo (www.bec.sp.gov.br) ou a Prefeitura de Manaus, que está abrindo todas as suas contas para consulta na internet (www.manaus.am.gov.br/transparencia). Outro exemplo é o Portal de Compras e Medicamentos do Governo Federal, o Comprasnet (www.comprasnet.gov.br), inaugurado em junho de 2005. O portal, que apesar do nome não permite realizar compras, funciona como fonte de consulta para todos os serviços de saúde que utilizarem recursos do SUS (Sistema Único de Saúde). Ele possibilita que governos estaduais e municipais verifiquem os preços dos contratos praticados por fornecedores de medicamentos. Dessa forma, podem comparar esses valores com as ofertas apresentadas em licitações para negociar melhores condições, explorando a concorrência entre os fornecedores. Só com seu lançamento, o Governo Federal estima ter economizado cerca de 1,3 bilhão de reais aos cofres públicos.

A tendência é de que as várias instâncias governamentais (federal, estadual e municipal) adotem portais que ficarão à disposição de consulta pública. Por enquanto, as compras eletrônicas não predominam, mas já se nota um crescimento. No somatório do primeiro semestre de 2005 foram negociados on-line 844 milhões de reais, 2,8% do total das negociações públicas, quase o dobro do mesmo período em 2004, de acordo com números da Câmara Brasileira de Comércio Eletrônico (www.camara-e.net).

10

O impacto da nova internet no mundo do trabalho

Há boas e más notícias sobre a relação entre o trabalho e a internet do futuro. Entre as boas, sabemos que a inteligência embutida na rede tornará os profissionais muito mais produtivos. A velocidade de processamento de computadores e o acesso quase instantâneo a dados, combinados com a disponibilidade massiva de informações das mais variadas fontes, tornarão mais fácil para os profissionais de todos os níveis realizar planejamentos precisos e executar as tarefas com mais eficiência. As empresas poderão ter mais segurança no momento de lançar um novo produto ou realizar uma ação de marketing, pois estarão amparadas em um grau razoável de conhecimento sobre a receptividade do mercado consumidor, informações que podem ser coletadas em serviços de comércio eletrônico.

Outras modalidades de trabalho cooperativo podem ser realizadas compartilhando espaços virtuais. Em vez de seguir um fluxo de trabalho por meio do qual uma das pessoas escreve um documento, passando para outra que o avalia e que, por sua vez, envia ao seu superior para aprovação, será possível queimar etapas. Os ambientes de trabalho em grupo já possibilitam que várias pessoas trabalhem simultaneamente em um mesmo arquivo, ou então que participem de conferências on-line com canais de voz, vídeo e um ambiente gráfico comum. Ou, ainda, que possam assumir remotamente o controle completo de uma máquina. Outro ponto a ser levado em conta é que o trabalho já está sendo mais bem distribuído. Os profissionais agora não têm cargos estabelecidos, mas se envolvem em projetos temporários, atuando em equipe com outras pessoas para alcançar os resultados previstos, envolvendo generalistas e especialistas dos mais variados campos.

O local de trabalho também deverá mudar fisicamente em alguns anos. A maioria dos profissionais cujo principal diferencial é o conhecimento, a moeda do futuro, não terá um local específico de trabalho, sendo possível realizar suas atividades em escritórios domésticos – os home offices –, aeroportos, hotéis, no escritório de um cliente e outras possibilidades que não poderiam ser imaginadas há dois ou três anos.

O profissional do futuro poderá trabalhar em qualquer lugar, não da cidade, mas do mundo. "Creio que a evolução dos serviços tem potencial até para esvaziar os grandes centros, pois os intelectuais do futuro poderão fazer a maior parte dos trabalhos de escritórios providos com serviços de alta velocidade a partir de pequenas cidades, onde a qualidade de vida é muito melhor. É questão de tempo até que essa revolução chegue a outros países, inclusive ao Brasil", observa Jacobs. De fato, a internet subverte a necessidade de presença física nos locais de trabalho, embora esse movimento esteja acontecendo de forma mais intensa em empresas ligadas às áreas de tecnologia da informação e comunicações. Mas, para o filósofo Pierre Lévy, as cidades continuarão a concentrar pessoas pela diversidade de ofertas de serviços nos grandes centros metropolitanos.

"A internet destrói a geografia e você não precisa estar em determinado lugar para fazer algo que é possível realizar remotamente. Por enquanto o teletrabalho não está disseminado no Brasil, mas em poucos anos teremos o aumento no número de funcionários trabalhando em casa ou em outros locais que não o escritório. Mas isso está começando devagar. Em empresas como a Cisco, fabricante de equipamentos de rede, por exemplo, as pessoas não têm um lugar fixo, um escritório. Até o presidente da empresa trabalha a distância", diz Sandra Carvalho, da *Info Exame*.

A tendência é que haja cada vez mais a adoção do home office. O conceito, em si, não é novo. Na verdade, tem até nome, cunhado pelo visionário em tecnologia Alvin Toffler, autor do livro *A terceira onda* (Editora Record). No livro, Toffler identifica três grandes ondas para a evolução das atividades humanas: a primeira é a agricultura; a segunda, a industrialização; e a terceira, advinda das tecnologias da informação e comunicações. Em suma, a cabana eletrônica permitiria às famílias trabalhar em casa.

E, se você acha que nenhuma empresa bancaria um PC e uma conexão de alta velocidade para um funcionário, saiba que é exatamente isso o que está acontecendo em mercados mais maduros como nos Estados Unidos ou em países da Europa. Nesses lugares, as empresas perceberam os altos custos embutidos no aluguel de espaço físico e na infra-estrutura (água, luz, telefones) ou no reembolso de despesas de transporte, o que as motivou a pesquisar as alternativas do teletrabalho.

Na contramão dessa tendência, muitas empresas brasileiras estão construindo enormes call-centers, onde dezenas, centenas de operadores realizam serviços de atendimento ao consumidor. A idéia de grandes salões com mesas de operadoras é justificada pelas empresas pela necessidade de controlar a qualidade do atendimento, basicamente "vigiar" o que o funcionário faz. Curioso é que os supervisores não fazem esse monitoramento fisicamente, mas usam softwares para selecionar aleatoriamente as ligações e realizar o controle de qualidade. Há operadores que falam fluentemente idiomas como inglês, francês e espanhol, entre outros idiomas, e que ouvem reclamações, fornecem informações, registram pedidos de passagens aéreas ou esclarecem dúvidas em serviços de atendimento ao cliente para interlocutores que estão do outro lado do globo. Mas isso também é reflexo da disseminação da internet e da possibilidade de, por meio dela, fazer ligações telefônicas a baixíssimo custo. Para algumas empresas sediadas em outros países, acaba saindo mais barato fazer o atendimento ao cliente em países como o Brasil em função dos baixos salários.

Mas no futuro próximo o Brasil também deve seguir o que já acontece nos Estados Unidos, onde esse trabalho pode ser feito na própria residência dos operadores, desde que eles disponham de estações de trabalho e conexões confiáveis que permitam atendimento de qualidade de áudio e de vídeo. Ou seja, serão controlados da mesma forma durante o período de trabalho. Esse modelo não é mais barato para as empresas apenas pela economia com aluguel de espaço físico, mas também porque os profissionais trabalham mais motivados. Mas não será a tecnologia que trará essa mudança e sim a evolução da mentalidade empresarial, permitindo assim explorar as vantagens da nova internet com o trabalho.

Agora vamos aos pontos negativos mencionados no início deste capítulo.

Os avanços tecnológicos, de forma geral, acabam gerando um paradoxo: assim como o profissional de hoje é mais produtivo que seus antecessores, o de amanhã nos superará em agilidade. Só que, com isso, a humanidade não conquistará mais tempo livre para seus interesses. Será cada vez mais difícil separar o trabalho da vida pessoal. Nos últimos quinze anos, as tecnologias da informação fizeram com que os profissionais tivessem de dedicar mais tempo à atividade profissional, apesar de serem mais eficientes do que seus pares nos anos 1970 e 1980.

É comum encontrar nos Estados Unidos, por exemplo, usuários de um pequeno aparelho chamado BlackBerry (a operadora TIM começou a comercializar o equipamento no Brasil, voltado para usuários corporativos). Desenvolvido pela canadense Research in Motion, o aparelhinho é um híbrido de telefone celular e computador de mão. O que ele tem de especial? Permite aos seus usuários atender ligações como se fosse um telefone celular comum e ainda receber e enviar mensagens de e-mail, abrir arquivos como documentos de texto e planilhas, trazendo a possibilidade de responder mensagens mesmo quando os usuários estão se locomovendo. Assim, aproveitam-se frações de tempo que seriam perdidas em salas de espera ou em engarrafamentos. A desvantagem é que nem na sala de espera do médico é permitido se desligar do trabalho. É praticamente impossível resistir à tentação de adiantar as tarefas.

Uma saída pode ser a busca por inovações na forma como profissionais realizam sua obrigações e se organizam de forma cooperativa. O desafio, contudo, pode ser mais de ordem social do que tecnológica.

Precisamos de inovações em nossos valores e nas escolhas da sociedade. Recentemente, a IBM patrocinou um estudo, o Global Innovation Outlook, no qual convocou dezenas de especialistas do mais variados campos do conhecimento na tentativa de antecipar quais os caminhos para a inovação em todas as áreas. Uma das conclusões é que a tecnologia possibilitará, sim, o trabalho contínuo, mas a determinação de se o indivíduo deverá trabalhar ou estar ativo o tempo todo não é uma decorrência do avanço tecnológico, e sim das escolhas empresariais. "O futuro exigirá que mudemos os nossos valores e a forma de organização do trabalho para manter o bem-estar das pessoas", esclarece Jacobs.

Sabe-se também que o valor do funcionário dependerá de onde ele se encontra na "pirâmide da informação". Portanto, tenha cuidado redobrado ao executar tarefas repetitivas ou automáticas, passíveis de serem realizadas por uma máquina, porque um dia elas podem ser simplesmente eliminadas. Essa mudança também implica que o homem desenvolva seu intelecto e sua capacidade de abstração para dedicar-se a tarefas mais nobres.

Observa-se que, em grande parte das áreas profissionais, o salário tem relação direta com o volume de informação de que dispõe um funcionário. Dessa forma, quem domina o maior número de informações tem acesso a maior quantidade de riqueza. Assim, a internet cria a exigência de novas competências, favorecendo as pessoas com facilidade de realizar pesquisas em fontes diversas, e que são capazes de usar a sua criatividade para gerar inovações.

A internet do futuro será, portanto, um ambiente quase indissociável da atividade profissional da maioria dos habitantes do mundo civilizado, trazendo grandes oportunidades e, junto com elas, uma série de questões que ficam em aberto. O desafio para as pessoas e as organizações, hoje e no futuro, é encontrar o ponto de equilíbrio que preserve a capacidade de trabalho, o bem-estar e a saúde pessoal, permitindo definir quanta energia será dedicada ao trabalho e quando será o momento de desligar-se dele e da rede.

Afinal, pessoas não são máquinas.

11

Desafios para as empresas no mundo conectado

Não importa qual o ramo de atividade, as empresas do futuro terão de estar conectadas. Seja ela uma grande montadora de automóveis, um supermercado de porte médio ou uma confecção com poucos funcionários, a internet desempenhará – e já desempenha – papel fundamental no relacionamento entre clientes e fornecedores. A rede oferece ferramentas eletrônicas que permitem a um conjunto de empresas envolvidas em determinada atividade atingir objetivos comuns com agilidade e baixos custos. Não é de esperar que a maioria das transações de compra e venda no varejo seja feita pela internet em um futuro próximo, ou seja, cerca de cinco anos. Mas, certamente, será por meio da rede que os escritórios vão comprar materiais de construção, acompanhar os passos dos concorrentes ou interagir com seus clientes potenciais.

Até aí, nada muito diferente do que já vemos no presente. Só que, no futuro próximo, o principal valor para as empresas será o conhecimento e a forma como ele é utilizado para gerar valores para os seus clientes. Esse processo já começa a se delinear, não só pelas informações que circulam na internet ou pelos números crescentes do comércio eletrônico: cada vez mais os valores da empresa se constituem menos de ativos fixos e mais de informação, predominantemente em meio digital. Pense numa fábrica de automóveis e no processo de criação de um novo carro. O projeto, que antes começava com esboço de conceitos no papel, hoje é feito totalmente pelo computador, com base num arsenal de informação que combina as linhas existentes de máquinas nas fábricas, a disponibilidade de peças e componentes de fornecedores (a grande maioria das peças dos carros tem produção terceirizada), com levantamentos a respeito das preferências do consumidor sobre que tipo de veículo apresenta maior demanda. Os aplicativos de projeto utilizados hoje nas principais montadoras não executam apenas o desenho: mecanismos avançados de design tridimensional permitem estudar detalhes mínimos de junção de peças, podendo chegar ao requinte de executar análises de deformação dos veículos em colisões, ou como devem ser os moldes de transportes de peças para obter a máxima eficiência dentro da fábrica. E tudo isso antes da montagem do primeiro protótipo físico. Antes disso, o novo carro não passava de informação arquivada em computadores. No exemplo extremo, tudo o que uma montadora de veículos fará no futuro será cuidar de processos de qualidade, design e marketing, deixando todo o resto para inúmeros fornecedores praticamente desconhecidos do público, interligados pela web.

O mesmo processo deverá acontecer em todas as classes de atividade humana, o que, na internet do futuro, está fortemente ligado à evolução do comércio eletrônico, tanto no varejo virtual como nas transações entre empresas. O reflexo mais imediato e próximo do indivíduo está nas lojas virtuais, que fornecem serviços cada vez melhores e permitem aos consumidores conhecer detalhes do que estão comprando. Se hoje as lojas em geral trazem preço, imagem e uma ficha técnica do produto à venda, na internet do futuro será possível visualizar o produto tridimensionalmente (algumas lojas começaram a utilizar esse expediente).

É claro que as lojas virtuais não vão matar o varejo das lojas físicas, mas a interação entre esses espaços será cada vez maior. Analistas apontam que o número de vendas influenciadas pela web pode ser quatro ou cinco vezes maior do que as que são realizadas online, pois o consumidor visita vários sites em busca das melhores ofertas e, mais tarde, vai a uma loja real realizar sua compra.

E olhe que o crescimento do comércio eletrônico não é desprezível: entre 2001 e 2005, o faturamento no Brasil teve crescimento nominal de 400% segundo a empresa de pesquisas e-Bit. Os principais motivos são o valor médio gasto por cada consumidor – que cresceu 63% –, maior número de transações realizadas e o aumento da quantidade de usuários de lojas virtuais. Em 2001, havia pouco mais de 700 mil compradores virtuais, enquanto hoje já são 3,25 milhões de pessoas fazendo pelo menos uma compra pela web em lojas nacionais. Outro indicador do crescimento do comércio eletrônico é o índice de varejo on-line, gerado pela Câmara-e.net (Câmara Brasileira de Comércio Eletrônico) e pela empresa E-Consulting: somando as vendas de automóveis, de turismo e de bens de consumo, as vendas pela rede no Brasil atingiram 7,5 bilhões de reais em 2004, valor 43,2% maior do que o movimentado no ano anterior.

Fora o varejo virtual, outra forte tendência é o fortalecimento das vendas eletrônicas entre empresas, o chamado e-commerce B2B (Business-to-business, ou, na tradução literal, de empresa a empresa). De acordo com uma pesquisa divulgada em 2005 pela Fundação Getúlio Vargas, a partir de uma amostra de 442 empresas, as transações B2B chegaram a 9,92% do total em 2004, com crescimento significativo diante de quase 5% em 2003. "As empresas estão apostando em ações consistentes de vendas eletrônicas. Dos investimentos em tecnologia da informação, cerca de um quarto vai para ações de comércio eletrônico", afirma o professor Alberto Luiz Albertin, coordenador do estudo.

Nos canais digitais, as empresas buscam as mesmas vantagens que estão motivando os investimentos governamentais em compras: poder comparar, com agilidade, as ofertas e procurar as melhores condições de compra, estimulando a concorrência entre fornecedores. Mas há algo de novo na esteira desse processo. À medida que clientes e fornecedores criam canais eletrônicos de compra e venda pela internet, é possível realizar uma integração das cadeias de suprimento, de forma que todos os envolvidos nas operações tenham maior controle do seu papel nos processos de negócio, com base na informação.

Eis um exemplo: imagine um supermercado que ofereça uma oferta para determinado produto – digamos, uma marca de leite condensado. A oferta é tão boa que a procura pelas latinhas logo nos primeiros dias do período promocional já consumiu parcela significativa do estoque. Percebendo que esse produto pode faltar, um alarme eletrônico é disparado para o fornecedor de leite condensado. Este, por sua vez, só poderá dar conta dos novos pedidos com a agilidade necessária se seus fornecedores de leite e de latas estiverem também informados da demanda súbita e puderem reagir com rapidez para atender ao pedido do supermercado.

Num ambiente de grande competitividade, empresas de pequeno e médio porte poderão ter dificuldade para adquirir as tecnologias necessárias e para aprender a manipular seus ativos de informação em meio digital. A boa notícia é que elas não precisarão comprar produtos: poderão utilizar ferramentas que serão acessadas pela internet, em um regime chamado de ASP (Application Service Provider) ou então a chamada computação sob demanda. A exemplo do que acontece com o vídeo sob demanda, cada empresa poderá usar o tipo de ferramenta empresarial adaptada às suas necessidades, pagando por isso, claro.

A empresa integrada à internet do futuro percebe cada pequeno aspecto de suas operações. Precisará, portanto, contar com estratégias de administração e práticas de valorização dos talentos em seus quadros profissionais, pois a disponibilidade de ferramentas online nivelará a competição entre as empresas. Com o universo virtual potencializando o processamento e o fluxo de informações, serão cérebros, corações e mentes que farão a diferença no futuro das corporações.

12

A internet em 2025

Falar sobre o que acontecerá com a internet daqui a vinte anos quase beira a ficção científica. Mas é praticamente certo que se tornará, para um número cada vez maior de pessoas, tão importante quanto a água que sai da torneira. Algumas previsões de curto prazo são bastante palpáveis e podem ser resumidas na linha do tempo a seguir:

2006 – Os celulares têm câmeras digitais de cinco megapixels e HDs internos de grande capacidade. Aparelhos dedicados que tocam apenas MP3 ou fotografam ainda são consumidos, mas o ritmo das vendas começa a cair. De acordo com o Computer Industry Almanac, já existe 1,21 bilhão de pessoas ligadas na web. Em 2007, segundo a mesma fonte, serão 1,35 bilhão.

2009 – Os projetos de WiMAX e redes Wi-Fi chegarão a mais de 500 milhões de pessoas em todo o mundo. Os primeiros aparelhos celulares que poderão funcionar nas redes das operadoras ou mudar automaticamente para ligações de VoIP ganharão popularidade entre as camadas de maior poder aquisitivo da população.

2009 – A empresa de pesquisas In-Stat MDR afirma que, até este ano, mais de 66 milhões de celulares com tecnologia Wi-Fi operarão em todo o mundo.

2010 – Os primeiros serviços de vídeo sob demanda, cujo download é feito por meio da rede, chegarão ao mercado mundial e possibilitarão assistir a um filme com qualidade de DVD pela internet. Irão para o mercado também os primeiros serviços de telefonia celular de quarta geração. A velocidade de acesso a dados em redes móveis desse tipo chegará a duzentos megabits por segundo.

2012 – A utilização de tecnologias de identificação por etiquetas inteligentes (RFID) e outros sistemas similares, integrados ou não a ambientes sem fio, possibilitará a criação de novas aplicações de valor agregado, como a localização de objetos, controle de estoques e serviços de pós-venda.

2014 – O barateamento das telas de cristal líquido e a concorrência com outros materiais como as telas baseadas em LEDs (diodos emissores de luz) tornarão viável substituir jornais e revistas por dispositivos eletrônicos de leitura, envolvendo conteúdos para diferentes publicações impressas e estendendo capacidades interativas para reportagens e textos. A maioria dos grupos editoriais fundirá as operações impressa e online em uma só unidade. Jornais e revistas ainda serão editados em papel para atender à população menos conectada e a leitores de perfil mais conservador.

2015 – De acordo com a empresa de pesquisas Gartner, as oportunidades de micropagamentos, ou seja, de serviços abaixo de cinco dólares encomendados pela internet ou celulares poderão movimentar até 240 bilhões de dólares/ano em todo o mundo. Cerca de 40% da população global terá algum tipo de acesso à web.

2016 – Fazer o download de um filme pela internet, com qualidade de DVD, levará apenas alguns segundos. O diferencial dos serviços de vídeo sob demanda, agora, será oferecer filmes em alta definição.

2017 – Todas as ligações telefônicas e videoconferências nos grandes centros serão feitas via internet.

Os progressos técnicos têm sido fantásticos, e o que primeiro saltará aos olhos nos próximos anos será a inteligência embutida em todo tipo de equipamento, a esmagadora maioria deles integrado de alguma forma com a internet: ao atender uma chamada telefônica, por exemplo, outros dispositivos sonoros espalhados pela casa, como equipamentos de som ou a tevê, "entenderão", automaticamente, que devem baixar o volume até que o usuário se sinta à vontade para conversar. Se a pessoa estiver assistindo a um telejornal na tevê e precisar sair naquele instante, terá a opção de continuar ouvindo o áudio desse programa (talvez até mesmo o vídeo) em seu celular e, em seguida, continuar acompanhando as notícias no rádio do carro.

O livre fluir da informação criará aplicações impensáveis em nossos dias.

Igualmente espantosa será a evolução nas interfaces. Ainda existirão telas gigantescas de cristal líquido, algumas com mais de dois metros de diagonal e que serão inacessíveis para a maioria dos lares. Mas para que ocupar todo esse espaço se o usuário poderá adquirir óculos com minúsculas telas translúcidas de cristal líquido, capazes de gerar imagens a poucos centímetros dos olhos do observador, criando o efeito de telas gigantescas, mas com a privacidade de serem assistidas por uma única pessoa? Em todo caso, as telas não serão as únicas – nem as principais – formas de interação com os recursos digitais da rede: os projetores holográficos, que durante anos freqüentaram o imaginário popular com os filmes da série *Guerra nas estrelas*, serão uma realidade. Com sistemas avançados de manipulação de elétrons, esses aparelhos poderão projetar imagens tridimensionais com perfeição. Alguns deles usarão um desdobramento de protótipos funcionais que já existem hoje, como aqueles criados por empresas como a io2 (www.io2technology.com).

Diante de imagens com alto grau de realismo, nossos filhos e netos nos olharão com desdém quase compassivo quando insistirmos em mostrar nossas fotos e vídeos digitais. Decerto pensarão: "Como é que eles conseguiam vivenciar uma experiência on-line olhando para essas minúsculas telas bidimensionais?".

Mas e a internet? Ela será o meio principal para transmitir e guardar todo tipo de conteúdo. Rádio, TV, jornais e revistas ainda existirão, mas algumas mudanças radicais vão se dar. Uma delas é que a internet tomará de assalto os meios eletrônicos: rádio e TV aberta se propagarão por sinais digitais e, por conta das limitações do espectro de rádio, reservado a transmissões sem fio, atuarão como complementos às transmissões feitas on-line. Ainda existirão publicações em papel, claro, embora o uso de uma mídia sem qualquer interação tenda a perder muito da atratividade, pois a informação não é dinâmica. O máximo de interatividade que um jornal ou revista atuais permitem é o folhear de páginas para a frente e para trás. Buscando uma forma intermediária, muitas publicações hoje digitalizam seu conteúdo estático e distribuem na rede.

Quase todas as pessoas terão um aparelho que descreveríamos como o tataraneto dos telefones celulares, mas com tanta capacidade de armazenamento e funções inteligentes, que será capaz de lidar com comunicação, armazenamento de dados e validador de transações financeiras. E, diferentemente dos nossos celulares atuais, que trocam dados com a web apenas quando solicitado, esses aparelhos continuamente receberão informações de todo tipo. Sim, pois haverá câmeras digitais com altíssima resolução em praticamente todos os lugares, algumas que as pessoas típicas levarão consigo e poderão estar escondidas em broches, alfinetes de gravata (se é que existirão gravatas em 2025!...) ou qualquer outro acessório. Terão a capacidade de gravar 24 horas da vida de uma pessoa, o que ela leu, com quem se encontrou, o que comeu, o que viu ou assistiu. Tudo isso ficará armazenado em algum servidor.

Os impactos serão enormes. Pense em uma geração que não passará pelo constrangimento de esquecer um rosto, ou o nome de alguém que conheceu na semana anterior. A internet poderá nos fornecer esses detalhes quando precisarmos deles. Ao lado de informações massificadas e prosaicas, como a probabilidade de chover à tarde em determinado dia, passando pelas principais notícias do país e do mundo, dispositivos conectados à rede lembrarão onde deixamos a chave do carro – se é que ainda precisaremos delas para abrir a porta do veículo.

Provavelmente as chaves ainda existam, afinal de contas, muitas pessoas que conviveram a vida toda com elementos que se tornaram tecnologicamente obsoletos ainda estarão vivas. Esses elementos terão o papel de oferecer segurança, uma sensação de independência até, pois serão um sinal de que ainda será possível executar tarefas sem depender da rede. E, considerando que a expectativa de vida tende a aumentar, haverá uma população significativa de idosos em atividade, e as indústrias em geral, a automobilística inclusive, não desprezarão uma parcela expressiva de consumidores ainda apegada aos hábitos conservadores.

Os filmes, desenhos animados, seriados e novelas surgirão em profusão ainda maior do que hoje. Haverá muito mais para assistir do que tempo para tanto. Além de contarem com inúmeras fontes de conteúdo animado, universos virtuais alternativos totalmente imersivos, nossos filhos e netos terão à sua disposição todo o acervo cultural do século XX.

Em 2005, é provável que os mecanismos de reconhecimento de voz tenham atingido sua maturidade. Centrais inteligentes nas residências atenderão a comandos que vão de "acionar luzes" a "diga para fulano que eu saí". Ainda existirão computadores pessoais mas, apesar do nome, eles não ficarão necessariamente em nossas casas. Em grandes centrais de serviços, existirão máquinas com poder de processamento gigantesco e que terão a capacidade de criar inúmeros PCs "virtuais". Funcionarão assim: esses grandes servidores terão tanta capacidade de processamento que serão capazes de separar uma fatia desse poder para cuidar de nossas necessidades particulares. Por conta das altíssimas velocidades de conexão, não fará diferença se o processador que cuida das suas tarefas estará a poucos centímetros ou a centenas de quilômetros de você. Esse cenário ainda poderá contar, claro, com computadores pessoais poderosos, verdadeiras centrais de controle doméstico e que ainda vão armazenar o grosso de nossos acervos digitais de fotos, vídeos e mensagens, formando com a web uma extensão sem fim de nossa memória.

Nem tudo será tão bom assim no futuro. É bem possível que a privacidade, como a conhecemos, mude bastante em 2025, pois será ainda mais fácil do que é hoje capturar informações pessoais, o comportamento, as preferências. E o mais intrigante é que esses processos não serão invasivos como a ligação de um operador de telemarketing para nossa casa ou celular. Em vez disso, por exemplo, ao entrar em uma loja, as mesmas câmeras que fazem o monitoramento da segurança, todas ligadas à rede, também monitorarão o movimento de seus olhos, registrarão aquilo que prende mais a sua atenção, analisarão sua linguagem corporal, para saber o que o deixa mais confortável e o que o perturba. Todos esses dados serão comparados com o histórico de compras da pessoa, sua condição de crédito e gerarão um perfil diferenciado ou ofertas exclusivas para aquele consumidor.

Essa tecnologia poderá ser boa ou ruim. Grupos organizados de consumidores terão a possibilidade de realizar compras coletivas ou cruzar inúmeros planos de fidelidade para baratear os custos de produção e de entrega de produtos de consumo. Será um mundo difícil para as empresas que não levarem em conta as preferências do público. A contrapartida ruim – que pode não ser tão ruim assim para os consumistas de carteirinha – é que todos serão constantemente bombardeados com inúmeras ofertas de produtos e de serviços.

O que a indústria de tecnologia imaginou em nossa época evoluirá para se tornar uma realidade indispensável para manter a tranqüilidade das pessoas do futuro próximo. Haverá os programas agentes, aplicativos usados no computador e na internet, dotados de nível elevado de inteligência artificial. Esses programas se apresentam como uma espécie de mascote virtual com rosto, expressões faciais, voz própria e têm capacidade suficiente para entender nossos pedidos e necessidades com toda a sutileza da comunicação verbal. Sua grande importância consistirá em ajudar a interagir com esse mundo, organizando nossas informações pessoais e intermediando nossas relações com os serviços digitais. O inconveniente dos spams, com incontáveis mensagens indesejadas entupindo as caixas de entrada de correio eletrônico, não existirá mais em 2025, pois o olhar atento dos mascotes virtuais auxiliará na árdua tarefa de separar o trigo do joio digital, monitorando a rede em busca de conteúdos e de ofertas que realmente nos interessarem.

Afora a voz e as imagens 3D, existem outras possibilidades, um pouco mais extremas, o que torna difícil prever se serão ou não reais em 2025, como as interfaces homem-máquina. Enquanto este livro é escrito, o neurocientista brasileiro Miguel Nicolelis desenvolve sua pesquisa na Universidade Duke, na Carolina do Norte, nos Estados Unidos, com macacos-coruja. Nicolelis já conseguiu fazer com que eletrodos implantados no cérebro de uma fêmea da espécie movessem, com a força do pensamento, um braço robótico. A extrapolação desses trabalhos em vinte anos pode tornar possível estabelecer sistemas que permitam a uma pessoa controlar máquinas ou acionar qualquer tipo de serviço apenas com comandos mentais transmitidos por meio da rede. Bruxaria? Não, tecnologia. As possibilidades de comunicação serão imensas. Imagine computadores que não precisarão de teclados ou de mouses, pois será a sua vontade que acionará os comandos.

A comodidade excessiva, claro, pode comprometer a evolução da criatividade ou ainda prejudicar a capacidade de abstração, alertam os educadores. Outros cenários negativos envolvem o problema da extrema dependência dos serviços digitais. Será que nos tornaremos irremediavelmente dependentes da rede? A gravidade de ataques de hackers que provocam a interrupção de serviços poderá adquirir proporções terríveis, mesmo com todas as precauções que certamente serão tomadas.

De qualquer forma, ainda é cedo para esse tipo de preocupação. O lado positivo é que temos tempo para nos preparar para essa realidade e adequar nossos sistemas de trabalho e de educação de modo que a tecnologia e a internet do futuro nos beneficiem.

13

Conclusão

Prever o perfil da internet do futuro distante é tarefa complicada, porque está intimamente ligada às formas como acessamos o conteúdo digital e às categorias de serviço a que temos acesso. Na Coréia do Sul, por exemplo, 80% das conexões são de banda larga e a velocidade média de acesso é de 10 Mbps a um custo mensal de 35 dólares, preço que se paga no Brasil por uma conexão de 500 Kbps, acesso 32 vezes mais lento. Dos 48 milhões de habitantes daquele país, 40 milhões têm acesso à web, contra apenas 7% da população brasileira, de acordo com pesquisas do Instituto Ibope/ Netratings. Com índice de alfabetização de 98,5%, indústria eletrônica pesada e empresas de alcance global como Samsung e LG, a Coréia do Sul comemora os resultados de investimentos maciços em educação, ciência e tecnologia feitos nos últimos vinte anos.

Mantidas as condições atuais, a grande barreira para o futuro em alguns países ainda é a baixa penetração da informática. Um dispositivo de acesso como um computador pessoal é primordial para a inclusão digital mais ampla. A barreira, claro, não é cultural, visto a incorporação de vários aparelhos eletrônicos como celulares e DVDs ao cotidiano do brasileiro médio. O problema é que o PC ainda tem alto custo para os nossos padrões econômicos, e muitas vezes não é priorizado no momento da compra, perdendo para a geladeira ou a TV de 29 polegadas. Isso acontece porque o modelo de venda de computadores pessoais no Brasil, alimentado pela indústria de componentes, não prevê o barateamento de processadores e chips de memória, mas sim a venda de chips cada vez mais rápidos e sofisticados.

Para romper esse ciclo, há iniciativas de inclusão digital patrocinadas pelas várias instâncias do governo, telecentros apoiados por fundações, empresas ou ONGs como o Comitê de Democratização da Informática (www.cdig.org.br), que repara computadores doados para equipar telecentros em comunidades carentes. Além disso, há os programas de incentivo à compra de máquinas como o PC para Todos, do Governo Federal, que prevê a redução de impostos para a venda de novas máquinas.

Em vários centros do mundo, e mais especificamente em países em desenvolvimento como a Índia (que tem forte indústria de tecnologia) e no Brasil, existem pesquisas em desenvolvimento para produzir computadores de baixo custo. Por aqui, aliás, despertou grande interesse o projeto de Nicolas Negroponte, um dos fundadores do Media Lab, do Massachusetts Institute of Technology, e que está sendo analisado de perto pelo governo brasileiro. Todas as idéias valem porque nenhuma porta é estreita demais para o universo infinito que a internet apresenta.

E, por fim, há vida além da internet. A velocidade da web ou o que ela torna possível não diminuirá o valor de experiências humanas como o afeto, os elos familiares ou a importância da amizade. A web torna-se parte indissociável de nosso cotidiano, sem dúvida, mas será que ela tem força para perturbar a forma como nos relacionamos? Claro que sim. Mas o mesmo já foi dito em crítica aos videogames, à TV e mesmo às histórias em quadrinhos.

Em resumo, não é o nível tecnológico do meio que desumaniza, mas sim os nossos valores que fazem a diferença. A internet em cinco, dez ou vinte anos não passará de um produto tecnológico assim como a eletricidade. O chuveiro elétrico ou o ferro de passar distanciam as pessoas? Ninguém tem saudades de banhos frios ou ferros a brasa (sim, já foi preciso ter duas pessoas para passar roupa: uma para operar o ferro e outra para aquecer o carvão ou a madeira em brasa). A internet deve ser vista da mesma forma, ou seja, para qualquer finalidade presente ou futura é preciso contar com vínculos entre as pessoas. Para pais e educadores que não dialogam bem com esse novo mundo digital, a tarefa é mais difícil, pois lidam com uma realidade que não compreendem, um vocabulário que não dominam. Portanto, é preciso ter interesse e acompanhar seus filhos e netos e participar, junto com eles, da aventura da descoberta do mundo por trás da rede. Serão esses elos que garantirão a continuidade de tudo aquilo que nos faz humanos. Tecnologia nenhuma é capaz de substituir isso.

Referências bibliográficas

CASTELLS, Manuel. *The Rise of the Network Society*: Oxford (UK), Blackwell Publishers, 1996.

COLLINS, Heidi. *Corporate Portals: Revolutionizing Information Access to Increase Productivity and Drive the Bottom Line*. Amacon, NY, 2001.

FERRARI, Pollyana. *Jornalismo digital*. São Paulo, Contexto, 2003.

LÉVY, Pierre. *Cibercultura*. Editora 34, São Paulo, 1999.

LÉVY, Pierre. *As tecnologias da inteligência – O futuro do pensamento na era da informática*. 10. ed. São Paulo, Editora 34, 2001.

SANTAELLA, Lucia. *Cultura das mídias*. Experimento, São Paulo, 1996.

TOFFLER. Alvin. *A terceira onda*. Record, São Paulo, 1999.

VIEIRA, Eduardo. *Os bastidores da internet no Brasil*. Manole, São Paulo, 2003.

ZUFFO, João A. *A infoera: o imenso desafio do futuro*. São Paulo, Saber, 1997.

Impresso nas oficinas da
Gráfica Palas Athena